When I Am Gloomy
Når jeg er trist

Sam Sagolski
Illustrated by Daria Smyslova

www.kidkiddos.com
Copyright ©2025 by KidKiddos Books Ltd.
support@kidkiddos.com

All rights reserved. No part of this book may be reproduced in any form or by any electronic or mechanical means, including information storage and retrieval systems, without written permission from the publisher, except in the case of a reviewer, who may quote brief passages embodied in critical articles or in a review.
First edition, 2025

Translated from English by Kirsten Groendahl
Oversat fra engelsk af Kirsten Groendahl

Library and Archives Canada Cataloguing in Publication
When I Am Gloomy (English Danish Bilingual edition)/Shelley Admont
ISBN: 978-1-0497-0070-0 paperback
ISBN: 978-1-0497-0071-7 hardcover
ISBN: 978-1-0497-0072-4 eBook

Please note that the English and Danish versions of the story have been written to be as close as possible. However, in some cases they differ in order to accommodate nuances and fluidity of each language.

One cloudy morning, I woke up feeling gloomy.

Jeg vågnede en overskyet morgen og følte mig trist.

I got out of bed, wrapped myself in my favorite blanket, and walked into the living room.

Jeg stod op, svøbte mig ind i mit yndlings tæppe og gik ind i stuen.

"Mommy!" I called. "I'm in a bad mood."
"Mor!" råbte jeg. "Jeg er i dårligt humør."

Mom looked up from her book. "Bad? Why do you say that, darling?" she asked.
Mor løftede blikket fra sin bog. "Dårligt? Hvorfor siger du det, skat?" spurgte hun.

"Look at my face!" I said, pointing to my furrowed brows. Mom smiled gently.
"Se på mit ansigt!" sagde jeg og pegede på mine rynkede øjenbryn. Mor smilede blidt.

"I don't have a happy face today," I mumbled. "Do you still love me when I'm gloomy?"
"Jeg har ikke et glad ansigt i dag," mumlede jeg. "Elsker du mig stadig, når jeg er trist?"

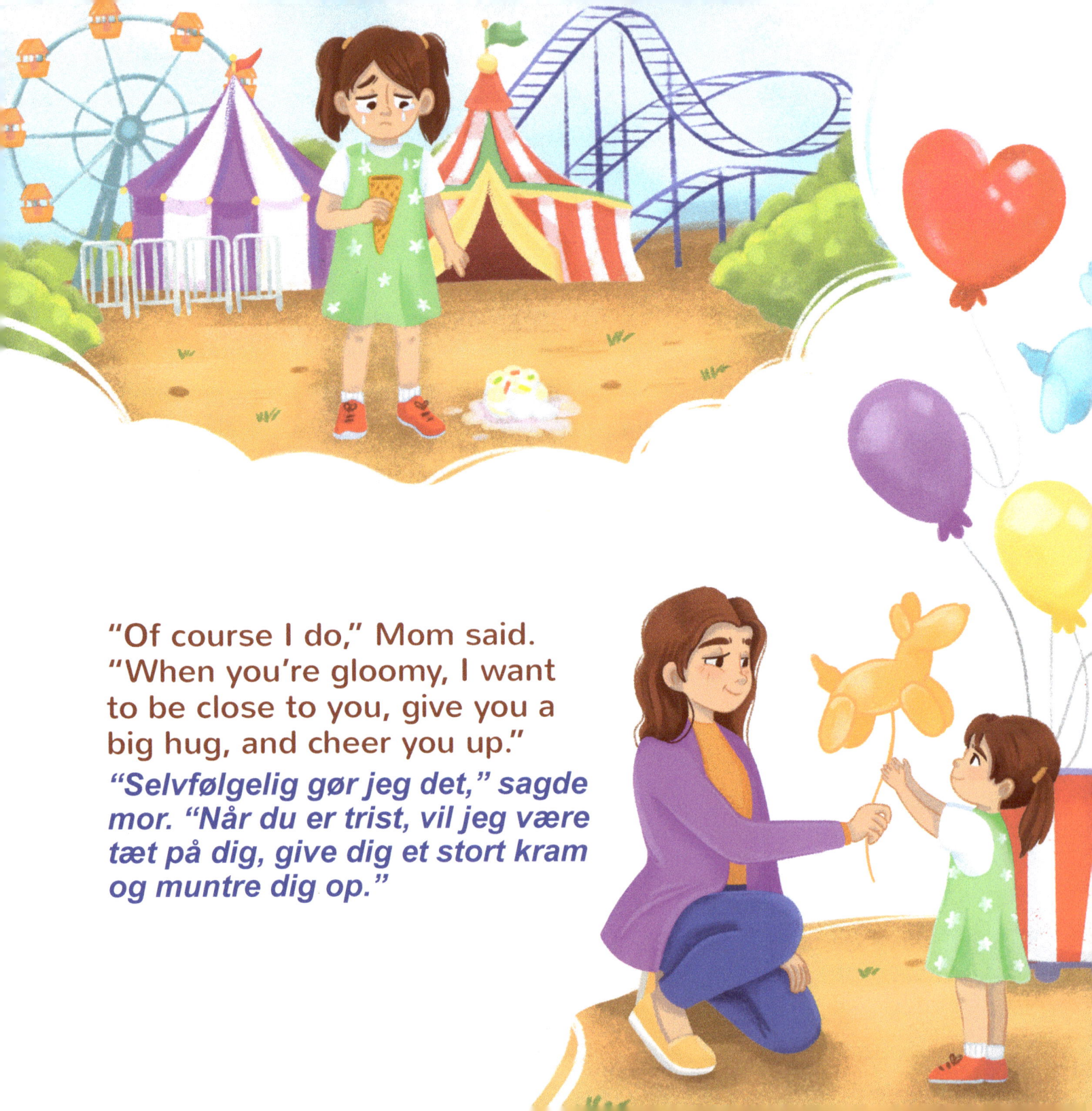

"Of course I do," Mom said. "When you're gloomy, I want to be close to you, give you a big hug, and cheer you up."

"Selvfølgelig gør jeg det," sagde mor. "Når du er trist, vil jeg være tæt på dig, give dig et stort kram og muntre dig op."

That made me feel a little better, but only for a second, because then I started thinking about all my other moods.

Det fik mig til at have det lidt bedre, men kun i et øjeblik, for så begyndte jeg at tænke på alle mine andre følelser.

"So… do you still love me when I'm angry?"
"Så… elsker du mig stadig, når jeg er sur?"

Mom smiled again. "Of course I do!"
Mor smilede igen. "Selvfølgelig gør jeg det!"

"Are you sure?" I asked, crossing my arms.
"Er du sikker?" spurgte jeg og krydsede armene.

"Even when you're mad, I'm still your mom. And I love you just the same."

"Selv når du bliver sur, er jeg din mor. Og jeg elsker dig lige højt."

I took a big breath. "What about when I'm shy?" I whispered.

Jeg tog en dyb indånding. "Hvad med når jeg er genert?" hviskede jeg.

"I love you when you're shy too," she said. "Remember when you hid behind me and didn't want to talk to the new neighbor?"

"Jeg elsker dig også, når du er genert," sagde hun. "Kan du huske, da du gemte dig bag mig og ikke ville tale med den nye nabo?"

I nodded. I remembered it well.

Jeg nikkede. Det kunne jeg godt huske.

"And then you said hello and made a new friend. I was so proud of you."

"Og så sagde du hej og fik en ny ven. Jeg var så stolt af dig."

"Do you still love me when I ask too many questions?" I continued.

"Elsker du mig stadig, når jeg stiller for mange spørgsmål?" fortsatte jeg.

"When you ask a lot of questions, like now, I get to watch you learn new things that make you smarter and stronger every day," Mom answered. "And yes, I still love you."

"Når du stiller mange spørgsmål, som nu, kan jeg se dig lære nye ting, der gør dig klogere og stærkere hver dag," svarede mor. "Og ja, jeg elsker dig stadig."

"What if I don't feel like talking at all?" I continued asking.

"Hvad hvis jeg slet ikke har lyst til at tale?" fortsatte jeg med at spørge.

"Come here," she said. I climbed into her lap and rested my head on her shoulder.

"Kom her," sagde hun. Jeg klatrede op på hendes skød og hvilede mit hoved på hendes skulder.

"When you don't feel like talking and just want to be quiet, you start using your imagination. I love seeing what you create," Mom answered.

"Når du ikke har lyst til at tale og bare vil være stille, begynder du at bruge din fantasi. Jeg elsker at se, hvad du finder på," svarede mor.

Then she whispered in my ear, "I love you when you're quiet too."

Så hviskede hun i mit øre: "Jeg elsker dig også, når du er stille."

"But do you still love me when I'm afraid?" I asked.
"Men elsker du mig stadig, når jeg er bange?" spurgte jeg.

"Always," said Mom. "When you're scared, I help you check that there are no monsters under the bed or in the closet."
"Altid," sagde mor. "Når du er bange, hjælper jeg dig med at tjekke, at der ikke er monstre under sengen eller i skabet."

She kissed me on the forehead. "You are so brave, my sweetheart."

Hun kyssede mig på panden. "Du er så modig, min skat."

"And when you're tired," she added softly, "I cover you with your blanket, bring you your teddy bear, and sing you our special song."

"Og når du er træt," tilføjede hun blidt, "dækker jeg dig til med dit tæppe, giver dig din bamse og synger vores sang for dig."

"What if I have too much energy?" I asked, jumping to my feet.

"Hvad hvis jeg har for meget energi?" spurgte jeg og sprang op.

She laughed. "When you're full of energy, we go biking, skip rope, or run around outside together. I love doing all those things with you!"

Hun grinede. "Når du er fuld af energi, cykler vi, hopper i sjippetov eller løber rundt udenfor sammen. Jeg elsker at lave alle de ting med dig!"

"But do you love me when I don't want to eat broccoli?"
I stuck out my tongue.

*"Men elsker du mig også, når jeg ikke vil spise broccoli?"
Jeg stak tungen ud.*

Mom chuckled. "Like that time you slipped your broccoli to Max? He liked it a lot."

Mor grinede. "Som dengang, du gav din broccoli til Max? Han kunne rigtig godt lide den."

"You saw that?" I asked.
"Så du det?" spurgte jeg.

"Of course I did. And I still love you, even then."
"Selvfølgelig gjorde jeg det. Og jeg elsker dig stadig, selv dengang."

I thought for a moment, then asked one last question:
Jeg tænkte et øjeblik og stillede så et sidste spørgsmål:

"Mommy, if you love me when I'm gloomy or mad... do you still love me when I'm happy?"

"Mor, hvis du elsker mig, når jeg er trist eller sur... elsker du mig så også, når jeg er glad?"

"Oh, sweetheart," she said, hugging me again, "when you're happy, I'm happy too."

"Åh, skat," sagde hun og krammede mig igen, "når du er glad, er jeg også glad."

She kissed me on the forehead and added, "I love you when you're happy just as much as I love you when you're sad, or mad, or shy, or tired."

Hun kyssede mig på panden og tilføjede: "Jeg elsker dig, når du er glad, lige så meget som jeg elsker dig, når du er trist, sur, genert eller træt."

I snuggled close and smiled. "So... you love me all the time?" I asked.

Jeg krøb tættere på hende og smilede. "Så... du elsker mig altid?" spurgte jeg.

"All the time," she said. "Every mood, every day, I love you always."

"Altid," sagde hun. "Uanset dit humør elsker jeg dig altid hver dag."

As she spoke, I started feeling something warm in my heart.
Mens hun talte, begyndte jeg at føle noget varmt i mit hjerte.

I looked outside and saw the clouds floating away. The sky was turning blue, and the sun came out.
Jeg kiggede ud og så skyerne svæve væk. Himlen blev blå, og solen kom frem.

It looked like it was going to be a beautiful day after all.
Det så ud til, at det alligevel ville blive en smuk dag.

www.ingramcontent.com/pod-product-compliance
Lightning Source LLC
LaVergne TN
LVHW072106060526
838200LV00061B/4822